BARU

WUT IM BAUCH

1

EDITION 52

Bibliographie Baru:

Die Sputnik Jahre (4 Bände, Carlsen, 2002-)
Der Champion (Carlsen, 2002)
Autoroute de Soleil (Edition Moderne, 2000)
Lauf, Kumpel! (Carlsen, 1989, vergriffen)

Farben von Baru und Ledran.

© für die deutsche Ausgabe
EDITION 52. Wuppertal
1. Auflage 2005
Übersetzung: Kai Wilksen und Uli Pröfrock
Lettering: Klaus Schikowski
Redaktion: Uwe Garske und Thomas Schützinger
© Baru / Repres. by Dupuis
Printed in Italy
Alle deutschen Rechte vorbehalten
ISBN: 3-935229-40-7
www.edition52.de

PROTO-
KOLL-
FÜHRERIN...

...BITTE VERLESEN SIE DIE ANKLAGE-SCHRIFT UND DEN HAFTBEFEHL...

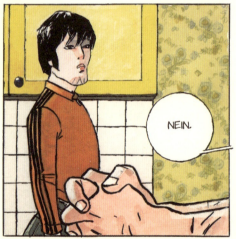

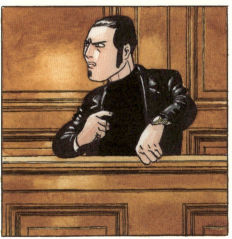

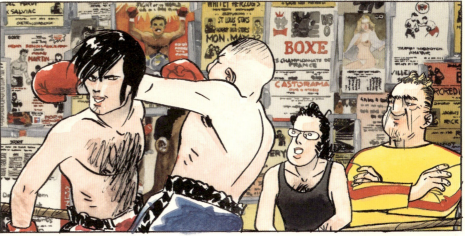

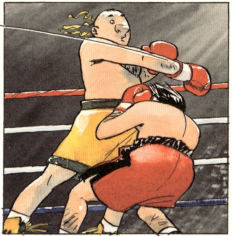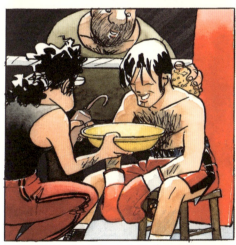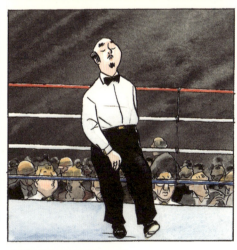

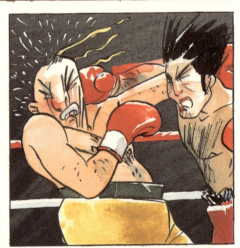

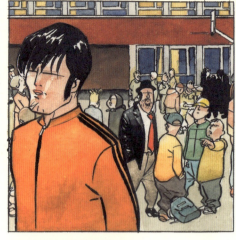

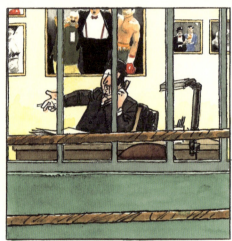
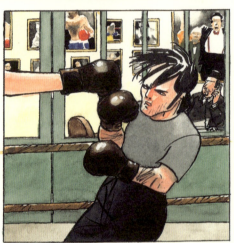

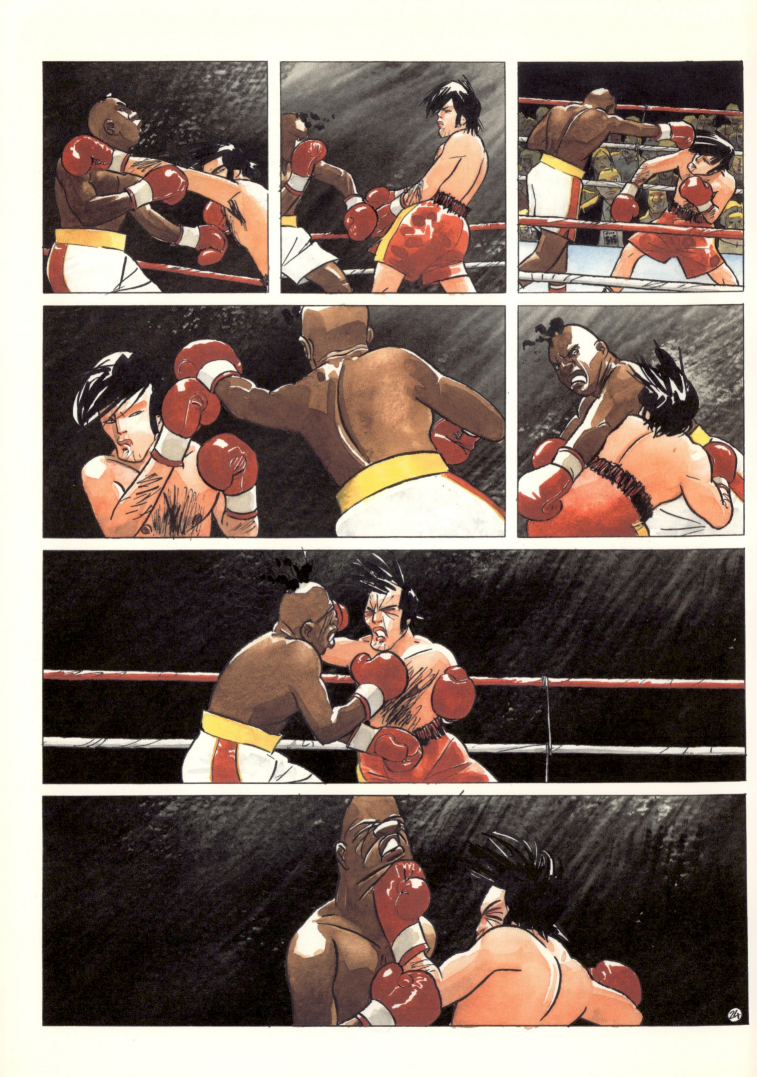

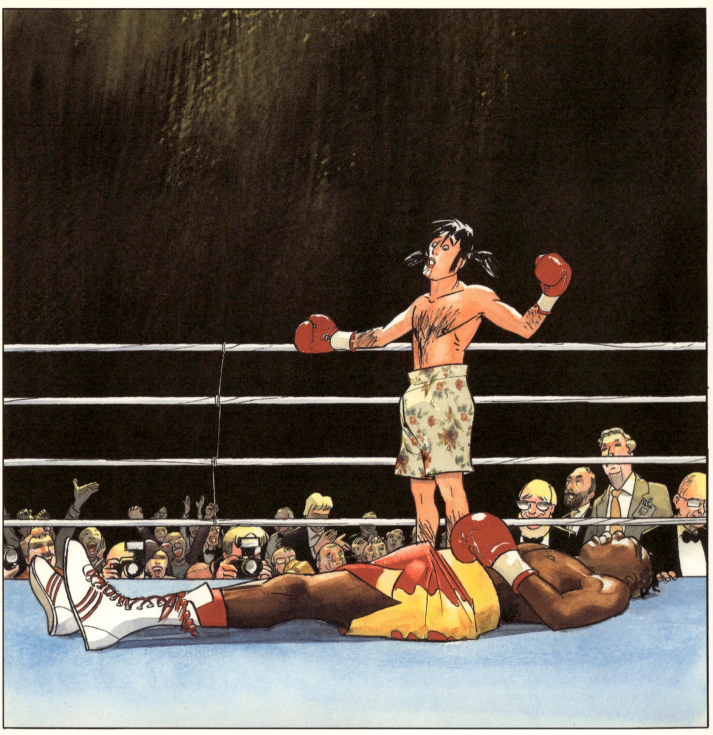

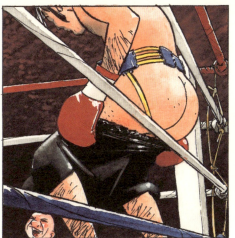

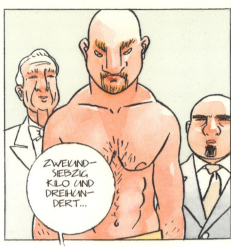

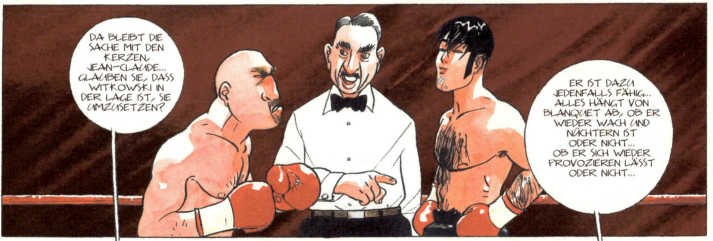

BOXEN

Harte Schule für Witkowski

LAS VEGAS
Von unserem Korrespondenten

Der Europameister, der im Handstreich mit der zuhause erworbenen Lässigkeit und Arroganz Amerika erobern wollte, sieht sich nun mit den Grundlagen seines Berufs konfrontiert, die er nach der Reihe leichter Erfolge in der alten Welt schon hinter sich gelassen zu haben glaubte.
Doch nach vier Kämpfen in vier Monaten spricht die Bilanz für ihn: 4 Siege, davon, man möchte nach seinen europäischen Erfolgen beinahe sagen nur einer vor der Zeit (KO in der vierten Runde gegen Bruce Williams, den Champion von Michigan.)
Ausgezogen, um ohne große Mühen die höchste(n) Weihe(n) zu erlangen, macht Witkowski nun die Erfahrung, dass die Schule des Boxens zunächst eine Schule der Demut ist.
Dennoch haben ihn die vier wenn auch mühsamen Siege in den Ranglisten nach vorne gebracht. Ohne einen (unwahrscheinlichen) Rückschlag wird er bald in den letzten Bereich vordringen, den der Titelanwärter, sofern man nicht auch diesseits des Atlantiks seiner Kapriolen und Provokationen überdrüssig wird und er seine (kleinen) Sympathien verspielt, die ihm sein mitreißender Stil eingetragen haben, wenn er sich herablässt, ihn im Ring vorzuführen.

Witkowski möglicher IBF-Herausforderer?

Heute abend, um 20 Uhr Ortszeit, 5 Uhr morgens in Frankreich, im Vorkampf des Aufeinandertreffens Lennox - Holyfield, beendet Anton Witkowski seine amerikanische Kampagne (8 Kämpfe, 8 Siege, davon zwei vorzeitig) mit dem Kampf gegen John-John Taylor (14 Siege, 2 Unentschieden, 6 Niederlagen), einen Südafrikaner aus dem Stall von Promoter Bill Strauss.

LAS VEGAS -
Von unserem Korrespondenten

Im Falle eines Sieges wäre der Europameister, den sie hier den ‚Dancer' nennen, an der Spitze der IBF-Rangliste und somit potentieller Herausforderer für den Weltmeistertitel, den zur Zeit Steven Warrior innehat, der ebenfalls zum Team von Boxpromoter Bill Strauss gehört.

Potentiell deshalb, da dies vom Goodwill des Promoters abhängt, der, wie man weiß, ein Meister der Vermeidung ist, um seinem Champion jedes Risiko zu ersparen, bis er seinem umtriebigen Kollegen Georges 'Duke' Thomson, DEM Herrn des Boxens made in USA, das Aufeinandertreffen, dem von McCall, ehemaliger Sparringspartner von Mike Tyson, und bei der unbedeutenden WBO der vergängliche Aufstieg von Bowe, der seinerseits soeben diesen bedeutungslosen Titel aufgegeben hat! Kurz: eine Schmierenkomödie...

Die Fernseh-Meisterschaften

HBO, mit Showtime eine der Großen im US-Bezahlfernsehen, hat daraus Konsequenzen gezogen: Der Sender erkennt keine der Organisationen mehr an und hat beschlossen, eigene Kämpfe zu zeigen, seine eigene Meisterschaft, sozu- Bill Strauss. Und von Showtime, wo Duke Thomson die Fäden zieht, nennt er doch nicht nur 2 Titel sein eigen, sondern das Trumpf-As : Holyfield.

Der Rückkehrer ist seit fünfeinhalb Jahren nicht mehr Champion, doch der Weg zur Begegnung mit Lennox ist frei, der Termin im MGM/Las Vegas, steht bereits fest. In drei Wochen wird es zunächst einmal einen Testkampf gegen Mathias Boston über 10 Runden (oder weniger) geben.

Zwei weitere Schwergewichtskämpfe am selben Tag....

  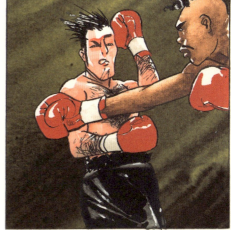

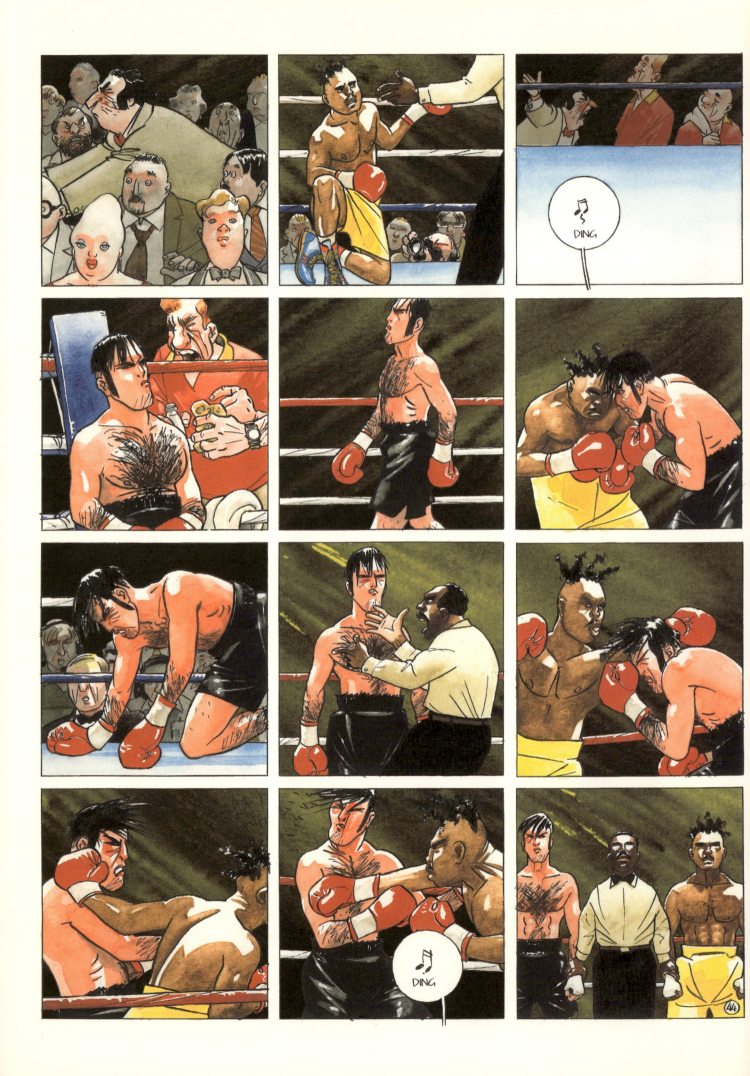

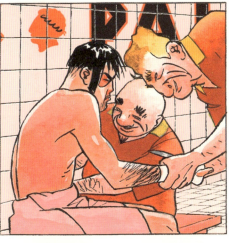

"MEINE FRESSE, WAS SOLL DAS?! DU HÄTTEST'S FAST VERMASSELT!!!"

"LECK MICH AM ARSCH!!!"

"LASS GUT SEIN, VITO... WIRD SCHON WIEDER, KEINE SORGE..."

Die vergessene Siedlung
Stanislas Witkowski: "Von diesem Geld nehme ich keinen Centime"

GESTERN MORGEN haben viele Franzosen kostbaren Schlaf geopfert, um in der winterlichen Kälte ihrer ungeheizten Wohnungen, in der Hand den ersten heißen Kaffee des Tages, live den Kampf zweier Männer in einem Ring inmitten der Spielautomaten eines Kasinos in der Wüste von Nevada zu verfolgen

"Reinste Sklaverei."

Doch ein Apparat im Nordosten der Hauptstadt blieb stumm, in der ‚Vogelsiedlung' – .. so benannt im poetischen Überschwang, oder eher im urbanistischen Zynismus zu Ehren der durch den Bau vertriebenen ehemaligen Bewohner –, der von Stanislas. Stanislas ist der Vater von Anton Witkowski. Er ist immer früh aufgestanden, eine Gewohnheit, der er auch ohne Arbeit treu geblieben ist.

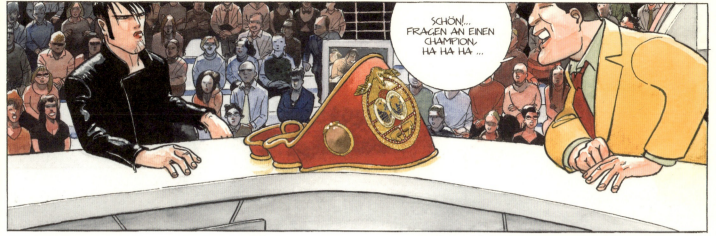

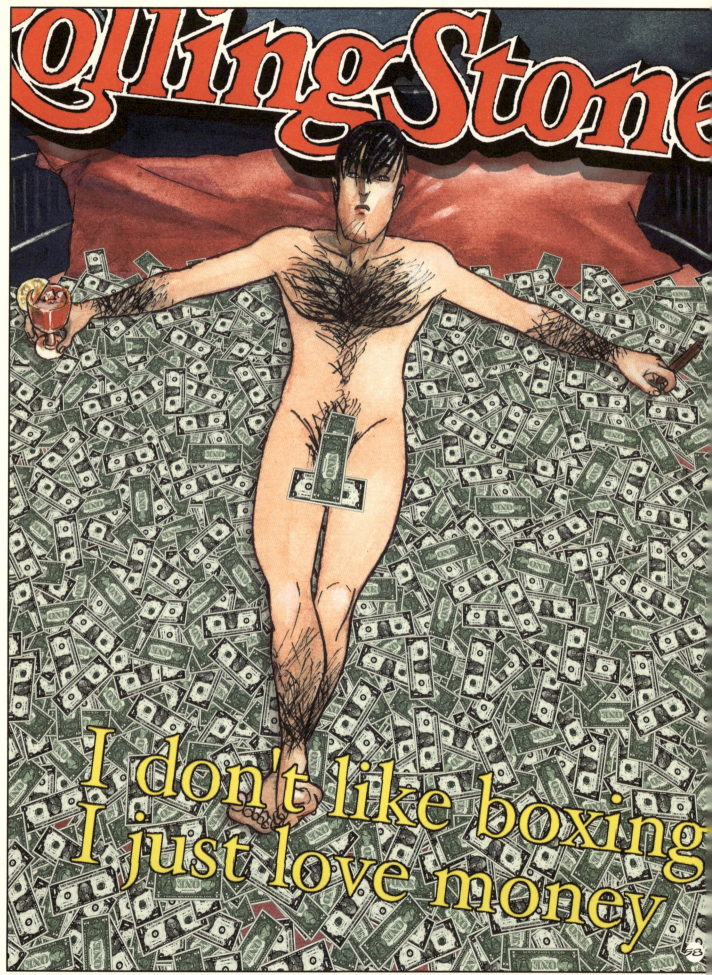

NACH "ROCK DREAMS" VON GUY PEELLAERT UND NICK COHN: "PHIL SPECTOR – BYE BYE, BYE BABY, BYE BYE".

* der Weltmeister macht weiter---auf frischer Tat exhibitionistische---öffentlich, aber
** ES REICHT, WITKOWSKI !
*** anton Witkowski - Hier haben sie den neuen Rockstar

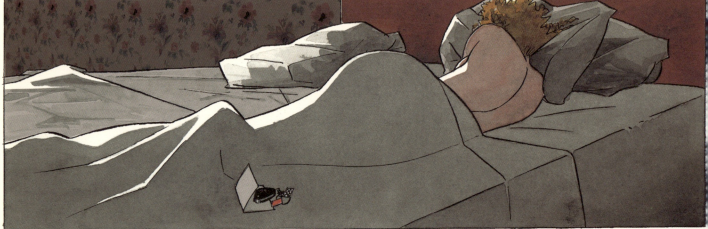

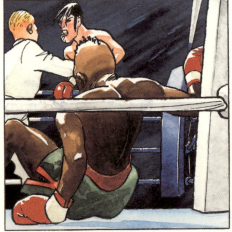

Evans-Witkowski, endlich
'Duke" Thomson kann nicht mehr zuruck

**Las Vegas –
Von unserem Korrespondenten**

Nach seinem weniger als gewohnt leichtem Sieg – KO in der achten Runde, sicher die Last der Cocktails und kurzen Nächte – über den Italiener Massi Tuveri, ist der Franzose, der immer noch den IBF-Gürtel hat, nun Ranglistenerster der WBA und WBC.

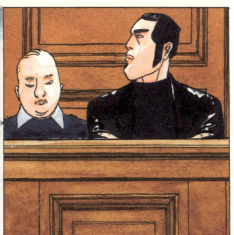

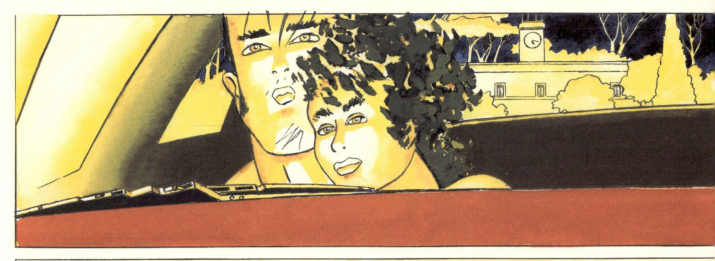